Chicas y chicos malos del LEJANO OESTE

Dona Herweck Rice

Consultores

Dr. Timothy Rasinski
Kent State University

Lori Oczkus
Consultora de alfabetización

Dr. Marcus McArthur
Departamento de Historia,
Universidad de Saint Louis

Basado en textos extraídos de
TIME For Kids. TIME For Kids y el logo
de*TIME For Kids* son marcas registradas
de TIME Inc. Utilizados bajo licencia.

Créditos de publicación

Dona Herweck Rice, *Jefa de redacción*
Conni Medina, *Directora editorial*
Lee Aucoin, *Directora creativa*
Jamey Acosta, *Editora principal*
Lexa Hoang, *Diseñadora*
Stephanie Reid, *Editora de fotografía*
Rachelle Cracchiolo, *M.S.Ed.,*
 Editora comercial

Créditos de imágenes: tapa The Granger
Collection; págs. 16, 19 (abajo), 22, 23,
25 (arriba), 37 (arriba), Everett Collage
Fotostock; pág. 46 Walter Bibikow/age
Fotostock; págs. 24, 25 (izquierda), 28, 30,
36, 37 (abajo), 44, 47, 53 The Bridgeman
Art Library; págs. 18, 19 (arriba), 29, 42
Corbis; pág. 9 (arriba centro), 25 (derecha),
31, 39 Getty Images; pág. 32 Kathy Walsh/
Flickr; pág. 57 Meade County Historical
Society; págs. 1, 20, 21, 26, 49 The Granger
Collection; págs. 7 (arriba), 9 (arriba
izquierda a abajo derecha); 17 (abajo),
27, 34, 40, 43, 45, 52, 56 The Library of
Congress; págs. 9–12, 14–15, 54–55
(ilustraciones) Timothy J. Bradley; Todas las
demás imágenes de Shutterstock.

Teacher Created Materials

5301 Oceanus Drive
Huntington Beach, CA 92649-1030
http://www.tcmpub.com
ISBN 978-1-4333-7136-3
© 2013 Teacher Created Materials, Inc.
Printed in Malaysia
THU001.48806

Tabla de contenido

¿Malos?

En la película *¿Quién engañó a Roger Rabbit?*, el personaje animado Jessica Rabbit dice la famosa frase: "Yo no soy mala. Es que me han dibujado así". Ella quiere decir que las apariencias pueden ser **engañosas**. En la película el detective juzga mal a Jessica y el "chico malo" casi se sale con la suya. Jessica no es para nada mala.

La apariencia de una persona puede hacerte pensar que él o ella no anda en nada bueno. ¿Pero es justo juzgar? ¿Deberías confiar en tus **instintos** solo para estar seguro? ¿Y, de todas formas, quién puede decidir qué cosa es mala o buena?

También es cierto que alguien puede parecer muy agradable y ser una chica o chico terriblemente malo.

PARA PENSAR

- ¿Cómo era la vida en el Lejano Oeste?
- ¿Por qué había tantas chicas y chicos malos en el Lejano Oeste?
- ¿Quiénes fueron algunas de las figuras con más **mala reputación** de esta época?

El largo brazo de la ley

¿Si una persona viola la ley se convierte en una persona mala? ¿Qué sucedería si la ley fuese una de las siguientes leyes "extrañas pero reales"? Estas leyes son tan antiguas e inusuales que muy pocas personas las conocen!

- En un pueblo de California es ilegal usar botas de vaquero a menos de que seas dueño de, por lo menos, dos vacas.

- En una comunidad de Kentucky una mujer casada necesita la aprobación de su marido para usar sombrero.

- En una ciudad de Carolina del Norte la pelea entre perros y gatos es ilegal.

- En una comunidad de Maine una persona no puede tocar el violín mientras camina por la calle.

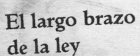

La vida en el Lejano Oeste

Enciende la televisión hoy y probablemente puedas encontrar una vieja película ambientada en el Lejano Oeste, con comisarios y pistoleros, vaqueros y **magnates** de ganado, **pioneros** e indígenas americanos, caballos y vacas. A menudo hay tiroteos y la gente parece estar en peligro a diario.

Bueno, la verdad es que eso es solo una parte de cómo era realmente la vida en el Lejano Oeste. Como había muy pocas personas habitando vastas áreas y muy poca ley **establecida**, estas podían estar fácilmente en peligro. Pero en el Lejano Oeste la mayoría de los días eran iguales, llenos de trabajo, suciedad y algo más que un poco de aburrimiento.

Sin embargo, al igual que en las películas, en el Lejano Oeste había algunos personajes coloridos, y no siempre estaban del lado correcto de la ley. Estos son las "chicas y chicos malos" del Lejano Oeste.

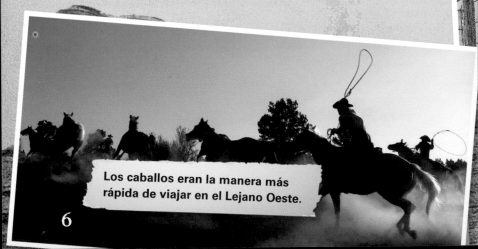

Los caballos eran la manera más rápida de viajar en el Lejano Oeste.

Lejano Oeste

El Lejano Oeste hace referencia a la vida y la época de la **frontera** de Estados Unidos, oeste del río Misisipi, antes de la existencia de un sistema de leyes. El Lejano Oeste abarca aproximadamente el periodo que va desde comienzos hasta fines del siglo XIX, aunque la mayoría de la gente lo relaciona con el período comprendido entre los años 1840 y 1900.

La vida del vaquero era dura y peligrosa. La causa de muerte más común era ser arrastrado por un caballo.

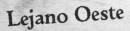

A veces, la vida en el Lejano Oeste era realmente salvaje. La gente debía defenderse por sí sola y no podía confiar en que la ley lo hiciera por ella.

DEL MENOS AL MÁS MALO

El oeste estaba repleto de gente amable. Pero, generalmente, es a las personas con más mala reputación a quienes más fácilmente recordamos.

Aunque "el Lejano Oeste" es una frase común, la mayoría de estos bandidos nacieron en el este y se mudaron al oeste.

Belle Starr
1848–1889

Jesse James
1847-1882

Doc Holliday
1851–1887

Fiebre del oro

En 1848 cuando descubrieron oro en Sutter's Mill, California, la noticia se hizo pública rápidamente. Gente de todos lados decidió arriesgarse e ir en busca de oro. Muchos se aventuraron hacia el oeste del río Misisipi para encontrar una vida mejor.

Butch Cassidy
1866–1909

Pearl Hart
1871–1925

Billy the Kid
1859–1881

Sundance Kid
1867–1908

Juntos, estos buscapleitos fueron responsables por el robo de más de $250,000 e incontables horas de trabajo policial.

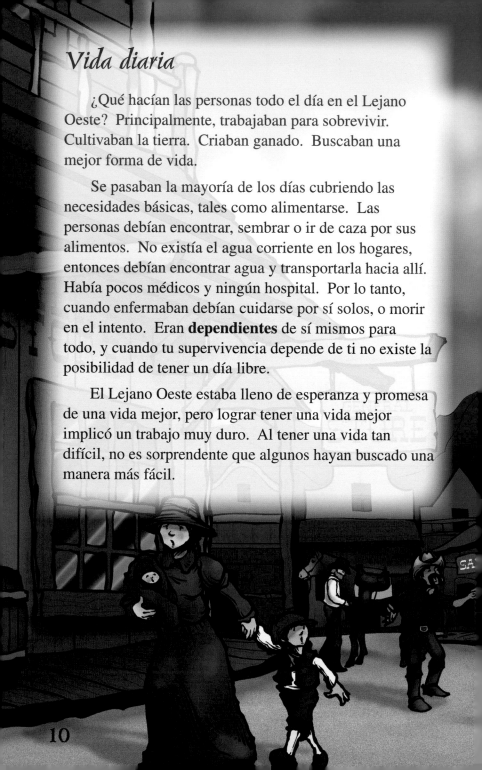

Vida diaria

¿Qué hacían las personas todo el día en el Lejano Oeste? Principalmente, trabajaban para sobrevivir. Cultivaban la tierra. Criaban ganado. Buscaban una mejor forma de vida.

Se pasaban la mayoría de los días cubriendo las necesidades básicas, tales como alimentarse. Las personas debían encontrar, sembrar o ir de caza por sus alimentos. No existía el agua corriente en los hogares, entonces debían encontrar agua y transportarla hacia allí. Había pocos médicos y ningún hospital. Por lo tanto, cuando enfermaban debían cuidarse por sí solos, o morir en el intento. Eran **dependientes** de sí mismos para todo, y cuando tu supervivencia depende de ti no existe la posibilidad de tener un día libre.

El Lejano Oeste estaba lleno de esperanza y promesa de una vida mejor, pero lograr tener una vida mejor implicó un trabajo muy duro. Al tener una vida tan difícil, no es sorprendente que algunos hayan buscado una manera más fácil.

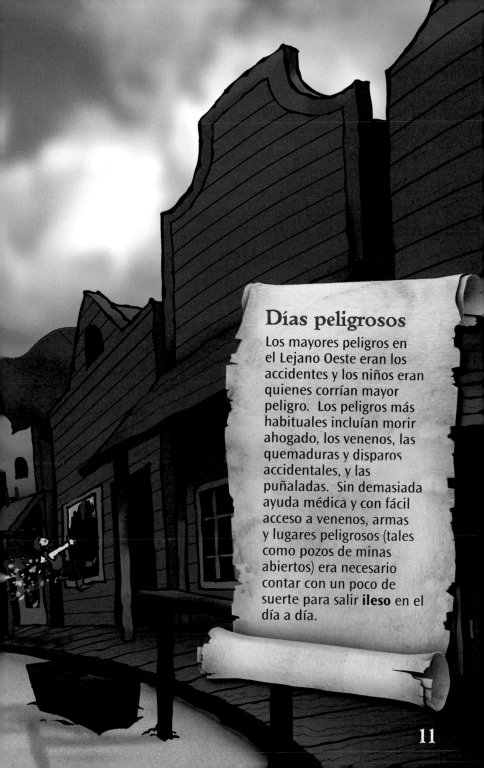

Días peligrosos

Los mayores peligros en el Lejano Oeste eran los accidentes y los niños eran quienes corrían mayor peligro. Los peligros más habituales incluían morir ahogado, los venenos, las quemaduras y disparos accidentales, y las puñaladas. Sin demasiada ayuda médica y con fácil acceso a venenos, armas y lugares peligrosos (tales como pozos de minas abiertos) era necesario contar con un poco de suerte para salir **ileso** en el día a día.

Sobrevivencia

¿Qué era necesario hacer para sobrevivir en el Lejano Oeste? Al igual que en la actualidad, la mayoría de las personas deseaban trabajar lo suficientemente duro como para tener una mejor vida para sí mismas y para sus hijos. Pero también, al igual que hoy, algunos deseaban una manera más fácil. La vida puede ser dura, y tan solo tomar lo que necesitas o quitar a otros del camino puede parecer la mejor forma de conducirse.

Juez de circuito

En el Lejano Oeste había pocos jueces y estaban esparcidos por distintos lugares. Los jueces iban de pueblo en pueblo para juzgar a los delincuentes.

¿Pero lo es? ¿Es una mala elección o algunos nacen malos? Quizá no pueden encontrar una manera mejor de hacerlo. A lo mejor son holgazanes. O, quizá están **desesperados**. ¿Y, en realidad, cuán malos fueron las chicas y los chicos malos del Lejano Oeste? ¡Sé el juez!

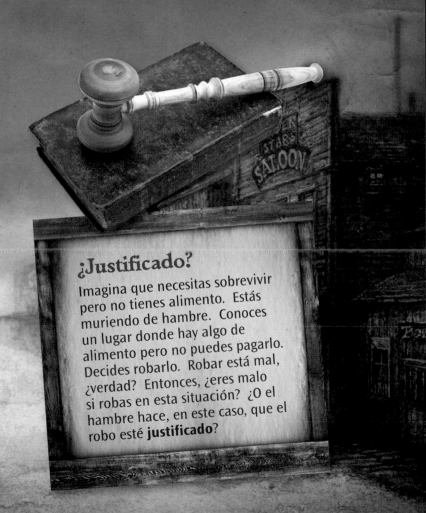

¿Justificado?

Imagina que necesitas sobrevivir pero no tienes alimento. Estás muriendo de hambre. Conoces un lugar donde hay algo de alimento pero no puedes pagarlo. Decides robarlo. Robar está mal, ¿verdad? Entonces, ¿eres malo si robas en esta situación? ¿O el hambre hace, en este caso, que el robo esté **justificado**?

¿QUÉ PIENSAS?

¿Está bien o mal?, y ¿cómo lo sabes? Observa cada una de estas situaciones y juzga tú mismo. ¿Deberías castigarlos o dejarlos ir?

El tramposo

J.J. había estudiado mucho para el gran examen pero cuando el día llegó se paralizó. Sabía las respuestas, pero simplemente ¡no podía hacer trabajar su cerebro! Desesperado, dirigió sus vista hacia el examen de C.C. Al principio le pareció muy difícil pero luego, ¡guau! Algo hizo clic y recordó todo lo que sabía. Él terminó el examen.

La peleadora

La escuela de K posee una política estricta que no acepta peleas. ¡Ningún tipo de peleas! Un día, cerca del horario de salida, ella vio cómo un niño más pequeño estaba siendo empujado y molestado por un par de niños más grandes. Se enojó y, sin pensarlo, se dirigió hacia los niños más grandes y les dio a cada uno de ellos un fuerte empujón. Les dijo que estaban abusando de alguien más pequeño y que ella no lo iba a tolerar. Uno de los niños le devolvió el empujón a K, entonces ella lo golpeó. Justo en ese momento el director pasaba por ahí y vio cómo K se balanceaba.

¡ALTO! PIENSA...

- ¿Es J.J. un tramposo? ¿Debería K ser castigada? ¿Estuvo D mal en robársela?

- ¿Qué preguntas podrías hacerles a los sospechosos para tomar una decisión?

- ¿Cómo te sentirías si fueses juzgado por un delito que cometiste? ¿Y si fuese un delito que no cometiste?

El ladrón

Esta mañana D se fue hambriento a la escuela. En realidad, D iba hambriento a la escuela la mayoria de las mananas. Sus padres no tenían trabajo y les era difícil subsistir. A D el hambre le hacía sentir cansancio y no le era fácil concentrarse durante las lecciones. Todas las bolsas con el almuerzo de los niños habían sido colocadas en una fila afuera del aula mientras los niños jugaban en el patio antes del comienzo de clases. D no pudo evitarlo. Tomó una bolsa y fue corriendo a esconderse a un rincón para comerse todo lo que había adentro.

Jesse James

Entre los **bandidos** de más mala reputación del Lejano Oeste, Jesse Woodson James fue el hijo de un predicador. Él y su hermano lucharon por los Confederados durante la Guerra de Secesión. Algunos dicen que fue el maltrato que recibieron de los soldados del ejército de la Unión lo que los convirtió en malos. Cualquiera haya sido la causa, se convirtieron en unos de los más famosos delincuentes de su época, quienes descaradamente robaban bancos a plena luz del día y atracaban **diligencias** y trenes. Era un asunto peligroso. A veces había, incluso, personas asesinadas.

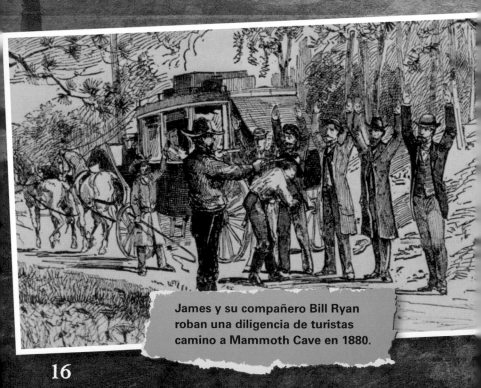

James y su compañero Bill Ryan roban una diligencia de turistas camino a Mammoth Cave en 1880.

WANTED
DEAD OR ALIVE

James nació en Misuri el 5 de septiembre de 1847. Uno de los integrantes de su pandilla lo mató de un disparo el 3 de abril de 1882.

SHERIFF

Una nación dividida

La Guerra de Secesión americana tuvo lugar entre los estados del norte y del sur entre 1861 y 1865. Los soldados del ejército de la Unión lucharon en el norte. Los soldados Confederados lucharon en el sur.

El último robo

A los hermanos James y su pandilla les fue bien durante varios años, pero el éxito no los acompañó cuando intentaron robar un banco en 1876. Los habitantes del pueblo se defendieron y todos los integrantes de la pandilla, salvo Jesse y Frank, fueron asesinados, sufrieron heridas o fueron capturados.

Cole Younger, Jesse James, Bob Younger, Frank James (de izquierda a derecha)

Hombre de familia

James no fue solo un bandido. ¡También se dice que fue un buen hombre de familia! Se casó con su prima Zee y juntos tuvieron dos niños. Zee intentó hacer cambiar de vida a James.

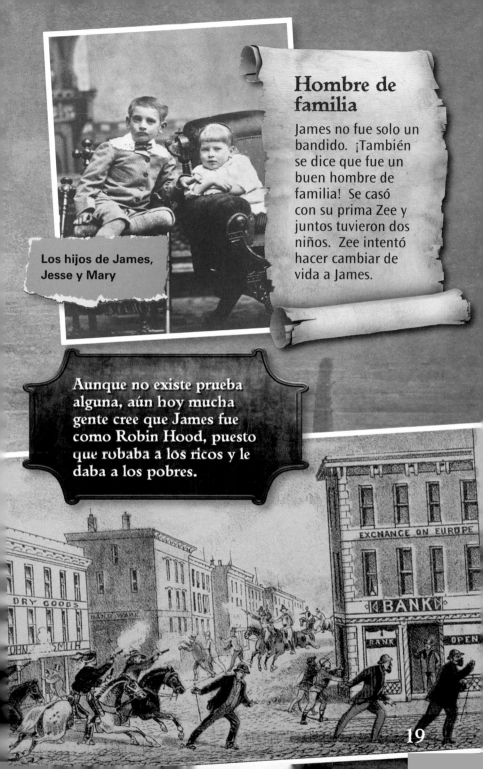

Los hijos de James, Jesse y Mary

Aunque no existe prueba alguna, aún hoy mucha gente cree que James fue como Robin Hood, puesto que robaba a los ricos y le daba a los pobres.

19

Traición

Ambos hermanos intentaron llevar una vida diferente pero eran delincuentes **legendarios**. Se ofreció una gran **recompensa** por James, y se instó a sus amigos a que lo capturaran y lo entregaran. Su "buen amigo" Robert Ford hizo justamente eso el 3 de abril de 1882. James nunca lo sabría. Ford le disparó por la espalda y lo mató.

¿Famoso?

El asesinato de James hizo famoso a Ford pero no en la forma en que a él le hubiese gustado. La gente lo consideró un cobarde por no tener el coraje de mirar a James a los ojos mientras le disparaba. Una canción muy conocida incluye la siguiente letra en la que se hace referencia a James como Sr. Howard:

Pero ese pequeño y asqueroso cobarde que le disparó al Sr. Howard ha llevado al pobre Jesse a su tumba.

James y sus amigos bandidos en el frente de una cabaña de troncos

El hombre que lo mató

Ford era amigo cercano de James. O no. La recompensa de $10,000 por entregar a James era más de lo que Ford podía resistir. Un día, cuando James se detuvo para enderezar un cuadro en su casa, Ford le disparó por atrás en la cabeza. Ford solo recibió una pequeña parte de la recompensa. Y casi lo colgaron por asesinato. Pero fue perdonado ya que fue "la Ley" quien, en primer lugar, le pidió que lo hiciera.

PROCLAMATION
OF THE
GOVERNOR OF MISSOURI!
REWARDS
FOR THE ARREST OF
Express and Train Robbers.

STATE OF MISSOURI,}
EXECUTIVE DEPARTMENT.

WHEREAS, It has been made known to me, as the Governor of the State of Missouri, that certain parties, whose names are to me unknown, have confederated and banded themselves together for the purpose of committing robberies and other depredations within this State ; and

WHEREAS, Said parties did, on or about the Eighth day of October, 1879, stop a train near Glendale, in the county of Jackson, in said State, and with force and violence, take, steal and carry away the money and other express matter being carried thereon; and

WHEREAS, On the Eleventh day of July, 1881, said parties and their confederates did stop a train upon the line of the Chicago, Rock Island and Pacific Railroad, near Winston, in the County of Daviess, in said State, and, with force and violence, take, steal, and carry away the money and other express matter being carried thereon ; and, in perpetration of the robbery last aforesaid, the parties engaged therein did kill and murder one WILLIAM WESTFALL, the conductor of the train, together with one JOHN McCULLOCH, who was at the time in the employ of said company, then on said train; and

WHEREAS, FRANK JAMES and JESSE W. JAMES stand indicted in the Circuit Court of said Daviess County, for the murder of JOHN W. SHEETS, and the parties engaged in the robberies and murders aforesaid have fled from justice and have absconded and secreted themselves,

NOW, THEREFORE, in consideration of the premises, and in lieu of all other rewards heretofore offered for the arrest or conviction of the parties aforesaid, or either of them, by any person or corporation, I, THOMAS T. CRITTENDEN, Governor of the State of Missouri, do hereby offer a reward of ten thousand dollars ($10,000.00) for the arrest and conviction of each person participating in either of the robberies or murders aforesaid, excepting the said FRANK JAMES and JESSE W. JAMES ; and for the arrest and delivery of said

FRANK JAMES and JESSE W. JAMES,

and each or either of them, to the sheriff of said Daviess County, I hereby offer a reward of five thousand dollars, ($5,000.00), and for the conviction of either of such offenders, after the delivery to custody, for the robbery above mentioned, I hereby offer a further reward of five thousand dollars, ($5,000.00),

un póster ofreciendo una recompensa por el arresto de Frank y Jesse James ordenado por el gobernador de Misuri en 1881.

Belle Starr

Belle Starr suena como el nombre de una celebridad y ella lo fue pero no por sus grandes talentos. Fue la vida en el delito la que convirtió a Starr en una persona muy conocida. ¿O fue ella solo víctima de la asociación?

Nacida bajo el nombre de Myra Maybelle Shirley pero llamada Belle, Starr recibió una excelente educación de niña y fue formada como pianista clásica. Sin embargo, su familia se vio golpeada por la Guerra de Secesión y se vio forzada a mudarse de Misuri a Texas cuando la guerra estuvo cerca de su hogar.

Belle Starr

Se decía que Starr usaba dos pistolas con cinturones de cartuchos extras en sus caderas.

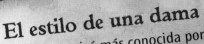

El estilo de una dama

Starr fue, quizá más conocida por su estilo. A menudo se la veía luciendo un **traje de montar** negro de terciopelo con una gran pluma en su sombrero. Al igual que las finas damas de su época, andaba en su caballo **a la amazona**.

Una familia de delito

En Texas Starr conoció y se casó con Jim Reed. Al principio llevaron una vida tranquila con sus dos hijos, pero Reed se unió a una pandilla de delincuentes. Starr se opuso a su vida delictiva y lo abandonó. Poco tiempo después Reed fue asesinado y Starr se quedó sin un céntimo.

No escapó de la vida delictiva cuando se casó con Sam Starr, otro ladrón. Aprendió cómo robar y hurtar con su nuevo marido y su familia. A menudo también dejó que conocidos delincuentes se hospedaran en su hogar. Algunos dicen que ella no quería hacerlo, y el **dar refugio** a delincuentes puede haber sido su perdición.

tapa de la biografía de Starr por Richard K. Fox, 1889

REWARD

👉 **$10,000** 👈

IN GOLD COIN

Will be paid by the U.S. Gov
for the apprehension

DEAD OR ALIV
of

SAM and BELLE ST

Wanted for Robbery Murder, Treasor
and other acts ag   the peace

Muchas veces la única manera en la que el gobierno podía detener a los delincuentes era ofreciendo una gran recompensa.

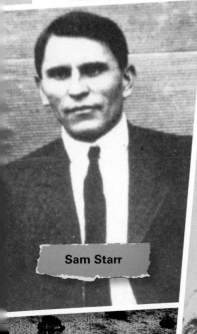

Sam Starr

Belle Starr

Su último aliento

Sam Starr también fue asesinado. Belle rápidamente se enamoró de otro hombre, pero eso terminó igual de rápido. Starr se casó, dio refugio y trabajó con bandidos durante años.

Fue probablemente uno de estos delincuentes quien terminó con su vida. Ella había hecho enfurecer a Edgar Watson al no dejarlo rentar su tierra. También es posible que sus propios hijos o marido lo hayan hecho, ya que ellos también estaban peleados. Nadie lo sabe con seguridad. Solo se sabe que dos disparos provocaron su muerte. Belle Starr, conocida por su gala y estilo, murió en un charco de sangre mientras yacía sobre un viejo camino sucio.

Starr y Blue Duck, uno de los novios de Starr

Belle Starr escapa a caballo luego de ser arrestada.

Cómo nace una leyenda

Existen muchas historias sobre Belle Starr pero la mayoría de ellas no pueden ser probadas. Diarios y cartas falsas fueron publicadas luego de su muerte. También hubo un libro muy popular sobre su vida que se publicó en el año de su muerte. Las historias de todas estas fuentes eran contadas como verdaderas y mezcladas con los hechos verdaderos de su vida. Ella, probablemente, no fue la chica despreocupada, pistolera, demagógica y divertida que cuenta la historia. Es más posible que se haya convertido en una ladrona por asociación y desesperación, y una vez que entró en el juego no pudo salir.

Doc Holliday

¿Fue Doc Holliday un delincuente o solo un **jugador** infalible con un **revólver de seis cartuchos**? Nacido bajo el nombre de John Henry Holliday, Doc se convirtió en dentista a los 21. También fue un experto **tirador**.

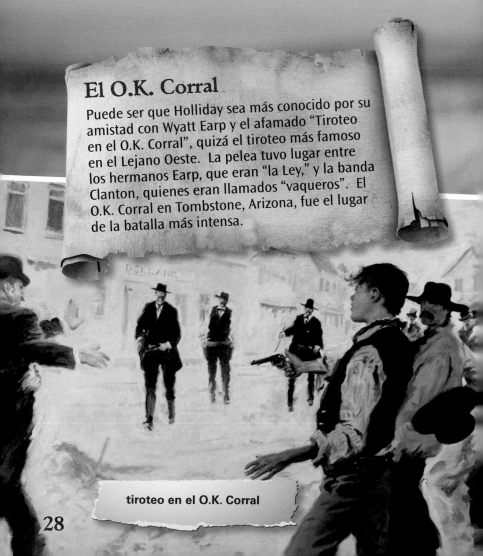

El O.K. Corral

Puede ser que Holliday sea más conocido por su amistad con Wyatt Earp y el afamado "Tiroteo en el O.K. Corral", quizá el tiroteo más famoso en el Lejano Oeste. La pelea tuvo lugar entre los hermanos Earp, que eran "la Ley," y la banda Clanton, quienes eran llamados "vaqueros". El O.K. Corral en Tombstone, Arizona, fue el lugar de la batalla más intensa.

tiroteo en el O.K. Corral

Holliday nació en Griffin, Georgia, el 14 de agosto de 1851. Padeció una muerte lenta en Colorado y murió 8 de noviembre de 1887, a los 36 años.

Arriesgándose

Con solo 22 años Holliday se enfermó de **tuberculosis** y se mudó al Lejano Oeste con la esperanza de que el clima lo ayudaría. Comenzó a trabajar como dentista pero los pacientes no querían ir a un dentista que tosía todo el tiempo. Holliday se acercó al juego para hacer dinero y era bastante bueno en eso. Pero también usó su arma para solucionar algunas malas situaciones que se originaban con el juego.

Wyatt Earp

Wyatt Earp y Holliday se hicieron amigos luego de que Holliday le salvara la vida a Earp en en un tiroteo. Earp era un famoso oficial de la ley.

Vaqueros

En Tombstone, Arizona, el término *vaquero* era un insulto. Los vaqueros eran vistos como malhechores y ladrones de caballos y ganado. *Vaquero* era prácticamente sinónimo de *bandido*.

Muriendo joven

Se sabe que Holliday mató, por lo menos, a tres personas. ¿Pero fue un "chico malo" o solo un chico bueno con un arma en malas situaciones? De cualquier manera, murió joven como tantos otros pistoleros, solo que fue su enfermedad, y no las armas, lo que lo mató.

A Holliday le dijeron que tenía pocos meses de vida cuando le diagnosticaron tuberculosis, pero vivió cerca de 14 años más.

Originalmente construido como hotel en 1880, esta edificio se incendió completamente en 1882 y volvió a levantarse como la taberna de Big Nose Kate.

Big Nose Kate

Mary Katherine Horony Cummings vino a Estados Unidos con su familia cuando tenía 10 años. Luego de la muerte de sus padres, ella y sus hermanos vivieron como niños adoptivos. Kate se dirigió al Lejano Oeste e hizo todo lo que fue necesario para sobrevivir. Allí recibió su poco halagüeño apodo Big Nose Kate. También conoció a Holliday y se convirtió en su **pareja de hecho**. Kate formó parte de varias de las hazañas de Holliday.

Big Nose Kate nació en Hungría el 7 de noviembre de 1850. Vivió casi hasta los 90 años.

Billy the Kid

William Henry McCarty Jr. era un niño pequeño y dulce conocido por su amabilidad y buena predisposición. Criado por su madre y su padrastro, el joven Billy fue acogido por una familia vecina cuando su madre murió. Nadie sabe con exactitud por qué eligió una vida en el delito pero algunos dicen que su pequeño tamaño lo hizo más duro para sobrevivir. Sí sabemos que fue obligado a alejarse de su **familia de acogida** cuando a esta le resultó complicado manejarlo. Billy eligió el delito y vivió una vida de ilegalidad hasta su muerte.

Billy the Kid

Billy fue conocido por su inteligencia, destreza con las armas, gran sentido del humor y grandes dientes incisivos.

Billy the Kid intentó ganarse la vida de manera honesta como cocinero. No duró de masiado.

un revólver Colt similar al utilizado por Billy the Kid

Ay, vainas

Se decía que Billy se convirtió en ladrón para sobrevivir pero, a diferencia de muchos otros chicos malos de la época, Billy no fue solamente un ladrón, fue un asesino. Fue denunciado por matar a 27 hombres, aunque este es un número conservador. Sin embargo, muchos dicen que esos asesinatos fueron cometidos principalmente en defensa propia o para corregir algo que estaba mal.

A pesar de esto, Billy se convirtió en una especie de héroe de la gente. Parece que era muy agradable. La gente admiraba su destreza y rapidez y, para algunos, era fácil olvidar que también era un asesino. Recibió el apodo "the Kid" por su juventud y encanto. ¡A la gente simplemente le agradaba!

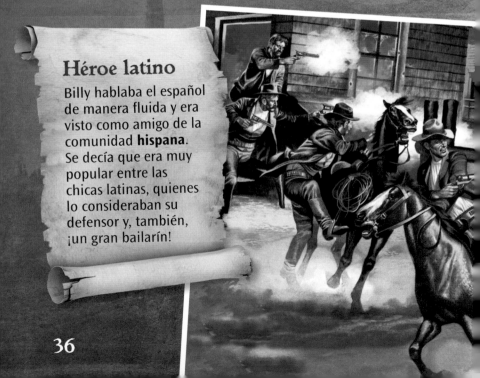

Héroe latino

Billy hablaba el español de manera fluida y era visto como amigo de la comunidad **hispana**. Se decía que era muy popular entre las chicas latinas, quienes lo consideraban su defensor y, también, ¡un gran bailarín!

REWARD

($5,000.00)

Reward for the capture, dead or alive,
of one Wm. Wright, better known as

"BILLY THE KID"

Age, 18. Height, 5 feet, 3 i
Weight, 125 lbs. Light hair
eyes and ev... features. H
the leader of ... rst band
desperadoes the ...
ever had to deal with.
reward will be paid for his ...
or positive proof of his death

JIM DALTON, Sh

DEAD OR ALIVE!
"BILLY THE KID

El alto costo de la fama

Una recompensa en 1880 por
la cabeza de Billy the Kid lo
hizo famoso. Era básicamente
desconocido antes de ese momento.

Escape asombroso

Antes de su último encuentro Billy hábilmente se escapó de una de las capturas del alguacil Pat Garrett, a pesar de haber sido encerrado en una celda con dos guardias armados. Aunque no está claro cómo lo hizo exactamente, se sabe que de alguna manera consiguió un arma, mató a ambos guardias, logró liberarse de unos grilletes y se escapó en un caballo robado.

Una muerte oscura

Billy encontró su final en manos de Garrett. Garrett persiguió al bandido durante varios años y Billy se le cscapó más de una vez. Pero, finalmente, Billy entró accidentalmente a una construcción donde Garrett estaba escondido en la oscuridad. Billy dijo: "¿Quién es?". (español para "*Who is it?*") y Garrett le disparó y lo mató.

Billy the Kid encuentra su final en manos del alguacil Pat Garrett en Fort Sumner, Nuevo México.

Butch Cassidy y Sundance Kid

Robert Leroy Parker abandonó su hogar y familia cuando era tan solo un joven adolescente y se fue a trabajar a una granja de ganado lechero. Allí trabajó con Mike Cassidy, que era un **cuatrero** de caballos y ganado que andaba en la ilegalidad. Pero Parker idealizó a Cassidy y lo vio como un **mentor**, hasta tal punto que, eventualmente, utilizó el apellido Cassidy como propio.

WANTED
DEAD OR ALIVE

Cassidy recibió el apodo Butch luego de haber trabajado como carnicero.

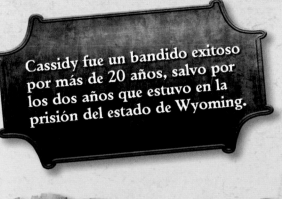

Cassidy fue un bandido exitoso por más de 20 años, salvo por los dos años que estuvo en la prisión del estado de Wyoming.

Primer delito

El primer acto delictivo de Cassidy fue robar algo de tarta y un pantalón vaquero de una tienda. Dejó una nota **IOU** que decía que regresaría para pagar. Pero el dueño de la tienda presentó cargos y fue enjuiciado. Cassidy fue liberado.

Compañeros en el delito

Mike Cassidy introdujo al jovencito en el robo, y al joven Cassidy empezó a gustarle cada vez más. Cometía más y más delitos y hasta formó su propia pandilla llamada Wild Bunch. Principalmente robaban y hurtaban pero también mataban, y se volvieron tanto famosos como temidos.

Con el tiempo Cassidy le dio la bienvenida a un jovencito llamado Harry, cuyo apodo era Sundance Kid, y que se unió a la pandilla. Butch and Sundance se convirtieron en verdaderos compañeros en el delito.

los ladrones de trenes Wild Bunch: (de pie, de izquierda a derecha) Bill Carver, Kid Curry, (sentados, de izquierda a derecha) Sundance Kid, Ben Kilpatrick y Cassidy

Laura Bullion

Laura Bullion fue hija de bandidos, novia por mucho tiempo de un bandido, y una bandida que se unió a Wild Bunch. Vivió una vida tan ilegal como el resto de ellos e, incluso, estuvo muchos años en prisión. La diferencia entre ella y la mayoría de sus compañeros es que Bullion vivió una larga vida luego de sus años dedicados al delito. Trabajó como **costurera** durante varios años y murió en 1961 con aproximadamente 85 años.

Bullion también fue conocida como la Rosa del Wild Bunch.

Escapando de la Ley

A medida que sus actividades delictivas crecían, también crecía la presión por parte de la Ley. Cassidy y Sundance Kid debían seguir moviéndose porque la Ley siempre les estaba pisando los talones. Ambos huyeron a Sudamérica, donde continuaron con sus actividades ilegales.

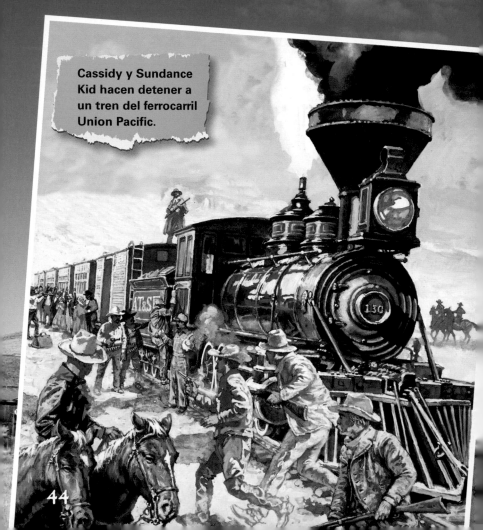

Cassidy y Sundance Kid hacen detener a un tren del ferrocarril Union Pacific.

Etta Place

Durante varios años Sundance Kid tuvo una novia estable que podría haber sido su esposa. Etta Place fue el nombre que se le dio a su compañera, pero el nombre fue elegido por oficiales de la ley solo porque ¡necesitaban un nombre para los pósteres que publicitaban su búsqueda! Nadie realmente sabe quién fue ella, cuál fue su verdadero nombre o qué le sucedió.

El nombre real de Sundance Kid era Harry Alonzo Longbaugh. Adoptó el nombre Sundancee luego de haber estado en prisión en el pueblo de Sundance en 1887.

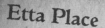

Sundance Kid
y Etta Place

Hasta que la muerte nos separe

Finalmente, atrapados en una pequeña cabaña, la policía rodeó al dúo y disparó una ronda de balazos a través de los muros. Se oyeron gritos y, luego, dos disparos. Cuando los disparos cesaron encontraron a Cassidy y Sundance muertos, llenos de agujeros de balas, y cada uno con una bala en su cabeza. Su legendaria parranda en el delito había terminado.

La leyenda sigue viva

Mucha gente duda de que Cassidy y Sundance Kid hayan sido asesinados ese día de noviembre. Durante varios años continuaron las noticias de que habían escapado una vez más y que vivían su vejez en paz. Sin embargo, eso no parece muy probable.

antigua casa de Cassidy en Argentina

46

Description.

NAME, GEORGE PARKER, alias "BUTCH" CASSIDY, alias GEORGE CASSIDY, alias INGERFIELD.

AGE, 36 years (1901).

WEIGHT, 165 lbs.

COMPLEXION, light.

EYES, blue.

NATIONALITY, American.

HEIGHT, 5 ft., 9 inches.

BUILD, Medium.

COLOR OF HAIR, flaxen.

MUSTACHE, sandy, if any.

OCCUPATION, cowboy, rustler.

CRIMINAL OCCUPATION, bank robber and highwayman, cattle and horse thief.

MARKS, two cuts scars back of head, small scar under left eye, small brown mole calf of leg.

"BUTCH" CASSIDY is known as a criminal principally in Wyoming, Utah, Idaho, Colorado and Nevada and has served time in Wyoming State penitentiary at Laramie for grand larceny, but was pardoned January 19th, 1896.

Description of HARRY LONGBAUGH,

NAME, HARRY LONGBAUGH, alias "KID" LONGBAUGH, alias HARRY ALONZO.

AGE, 35 to 40 years.

COMPLEXION, dark (looks like quarter breed Indian).

EYES, black.

FEATURES, Grecian type.

HEIGHT, 5 ft. 9 inches.

COLOR OF HAIR, black.

MUSTACHE, if any, black.

NATIONALITY, American.

WEIGHT, 165 to 170 lbs.

BUILD, rather slim.

NOSE, rather long.

OCCUPATION, cowboy, rustler.

CRIMINAL OCCUPATION, highwyman and bank burglar, cattle and horse thief.

HARRY LONGBAUGH served 18 months in jail at Sundance, Cook Co., Wyoming, when a boy, for horse stealing. In December, 1892, HARRY LONGBAUGH, Bill Madden and Harry Bass "held up" a Great Northern train at Malta, Montana. Bass and Madden were tried for this crime, convicted and sentenced to 10 and 14 years respectively; LONGBAUGH escaped and since has been a fugitive. June 28, 1897, under the name of Frank Jones, Longbaugh participated with Harvey Logan, alias Curry, Tom Day and Walter Putney, in the Belle Fouche, S. D., bank robbery. All were arrested, but Longbaugh and Harvey Logan escaped from jail at Deadwood, October 31, 1897, and have not since been arrested.

GEORGE PARKER, alias "BUTCH" CASSIDY, H[...] AUGH and a third man were implicated in the robbery of the First National Ban[...] [...]9, 1900.

Legajos de Cassidy y Sundance Kid de la Agencia Nacional de Detectives Pinkerton

¿Asesinato y suicidio?

Mucha gente cree que durante el tiroteo final uno de los dos sufrió una herida tan grave que su compañero le disparó en su cerebro para evitarle el sufrimiento. Luego, dio vuelta el arma y se suicidó.

Pearl Hart

Los padres de Pearl Taylor eran adinerados y ella recibió una buena crianza. A los 16 se enamoró de un joven hombre, cuyo apellido era Hart, y se fugó con él para casarse. Abandonó a su marido e intentó continuar sola muchas veces. Pero era difícil estar sola. Regresó con su marido cuando le fue imposible arreglárselas por sí sola.

Hart nació alrededor de 1871 en Lindsay, Ontario, Canadá. Murió poco después de 1925.

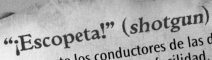

"¡Escopeta!" (shotgun)

En el oeste los conductores de las diligencias podían ser atacados con facilidad, entonces alguien era, a menudo, contratado para sentarse a su lado con una escopeta en sus manos, y así vigilar a los ladrones. Es por eso que hoy "calling shotgun" significa sentarse al lado del conductor. Hart estuvo a cargo de algunos de los robos de diligencias más famosos de la historia.

Este óleo de 1909 de N.C. Wyeth muestra a un conductor de diligencia y su "acompañante con escopeta".

Un corazón sombrío

La madre de Hart enfermó y ella quería estar a su lado. Como no tenía dinero, Hart y su amigo Joe Boot decidieron robar una diligencia. Hart se cortó el pelo y se vistió como un hombre, lo cual era bastante inusual para la época. Ganó notoriedad como ladrona de diligencias, lo cual era también extraño.

Las historias de mujeres vestidas como hombres que robaban diligencias dejaban sin aliento a los lectores de periódicos.

El robo de una diligencia perpetrado por Hart el 30 de mayo de 1899, es uno de los últimos robos de diligencia registrado en Estados Unidos. No pasó mucho tiempo hasta que la gente comenzó a reemplazar las diligencias y carretas ¡por automóviles!

la vaquera Pearl Hart

Hart y Boot fueron capturados casi una semana después del robo. Él fue sentenciado a 30 años de prisión, pero ella solo a 5. Fue absuelta en 1902.

Bandit Queen

Hart vivió su vida de manera muy reservada, salvo por un breve momento como un número en el Wild West Show de Buffalo Bill. Fue vista por última vez en 1925 y nadie sabe dónde o cuándo murió.

Wild West Show de Buffalo Bill

El alguna vez soldado y cazador William Frederick Cody, llamado Buffalo Bill, abría un espectáculo que mostraba a los vaqueros y al entretenimiento del oeste. Hart apareció brevemente en el espectáculo. Era conocida como Bandit Queen y reconstruyó su robo de diligencia.

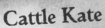

Cattle Kate

Ellen Liddy Watson, conocida como Cattle Kate, era una ranchera exitosa en Wyoming. Incluso había sido capaz de establecer su propio **hierro de marcar**. A otros rancheros no le gustaba su éxito. La hostigaban y la acusaban de ser una cuatrera de ganado. Algunos jinetes fueron enviados a arrestarla. La arrestaron y la enviaron a la horca sin enjuiciarla. ¿Chica mala del Lejano Oeste? Esto se asemeja más a una buena chica atrapada en una mala situación.

Cattle Kate nació el 2 de julio de 1861 en Ontario, Canadá. Murió en la horca el 20 de julio de 1889.

LA LEY

En el Lejano Oeste por cada chico malo había varios chicos buenos. Ellos representaban la Ley y, a continuación, encontrarás solo a algunos de ellos.

Roy Bean

El juez de paz Roy Bean ejerció su cargo en Texas, y allí presidía los juicios en su taberna. Se llamaba a sí mismo la ley al oeste del Pecos. Es recordado como un juez de la horca pero, en realidad, solo envió a dos hombres a la horca. Extrañamente, él mismo casi muere de joven ahorcado por los amigos de un hombre que había matado en un duelo. Esta experiencia cercana al **linchamiento** le causó un problema de cuello permanente. ¡Ay!

¿Por qué tantos chicos malos?

El Lejano Oeste estaba repleto, principalmente, de hombres y unas pocas mujeres y niños. A lo largo del tiempo, los lugares con mayoría de hombres han tendido a tener mayores delitos que otros. También había mucho juego y bebida en el Lejano Oeste, lo que hacía que los ánimos se caldearan. Todas estas cosas se sumaban a los problemas globales y delitos que había allí.

Isaac Parker

Llamado el Juez de la Horca, Isaac Parker prestó sus servicios durante 21 años. Se tomó su trabajo de manera muy seria. Durante sus años de actividad presidió como juez en casi 13,500 causas y condenó a alrededor de 9,500 personas. Sentenció de muerte a 160 de esas personas enviándolas a la horca.

Bat Masterson

Barclay "Bat" Masterson fue un explorador militar y dueño de una taberna antes de convertirse en policía y, luego, en alguacil, y trabajó con Wyatt Earp. Se hizo famoso por haber capturado a varios delincuentes importantes. Masterson también llamó la atención del presidente Theodore Roosevelt, quien se convirtió en su amigo y lo designó como ayudante del alguacil de los Estados Unidos.

Wyatt Earp

Luego de algunos duros y tempranos años en los que estuvo del lado equivocado de la Ley, Wyatt Earp viajó a diferentes **ciudades con rápido desarrollo** y se convirtió en un oficial de la ley allí. Él es más conocido por el tiroteo en el O.K. Corral, en el que tres infractores de la ley fueron asesinados y solo Earp salió ileso. En la actualidad, Earp es recordado como uno de los mejores y más duros oficiales de la ley del Lejano Oeste.

¿Bien o mal?

¿Bien o mal? Es una pregunta tramposa. Puede ser tan simple como conocer la ley. Bien está siempre del lado correcto de la Ley. ¿No es así?

A lo largo del tiempo, la gente ha tratado de descifrar lo que está bien y lo que está mal. Lo más probable es que la cuestión de bien y mal existirá siempre que existan chicos y chicas y elecciones por hacer. Al igual que los amigos del Lejano Oeste, puede que tengas que resolverlo tú solo.

Juez Roy Bean escuchando a un ladrón de caballos mientras éste es enjuiciado

Hoodoo Brown

Hymen G. Neill, llamado Hoodoo Brown, trabajó de ambos lados de la Ley. Lideró la conocida banda de Dodge City que manejaba la **política** de Las Vegas, Nuevo México. Era un oficial de la ley y **forense**, y hacía uso de sus cargos para cubrir los delitos de su banda. También trabajaba para librar a su pueblo de delincuentes mientras que, al mismo tiempo, él mismo vivía como un delincuente. Nadie sabe con certeza lo que le sucedió a Hoodoo Brown pero su leyenda sigue viva.

Glosario

a la amazona: con una silla para mujeres en la que ambas piernas se colocan al mismo lado del caballo

bandidos: personas que no se atienen a las leyes

ciudades con rápido desarrollo: ciudades que crecen de prisa

costurera: persona que cose o elabora prendas de vestir

cuatrero: ladrón, en particular de ganado o caballos

dar refugio: acoger y ayudar

dependientes: que viven de la protección de alguien o algo

desesperados: con una necesidad urgente o sin esperanzas

diligencias: carruajes tirados por caballos que transportan pasajeros o el correo

engañosas: falsas; que no son lo que parecen

establecida: fijada o asentada

familia de acogida: personas que crían a niños huérfanos, abandonados o delincuentes

forense: funcionario de la magistratura que investiga las muertes que no han sido naturales

frontera: límite exterior de una parte civilizada o establecida de un país

hierro de marcar: técnica de marcar el ganado para identificar al propietario

hispana: cosa o persona proveniente de Latinoamérica o con antepasados en esta zona que vive en Estados Unidos

ileso: sin lesión ni daño

instinto: impulso natural que tiene lugar espontáneamente

IOU: documento que reconoce una deuda, sigla de las palabras I owe you (Le debo)

jugador: persona que juega a juegos de azar para conseguir dinero u otros premios

justificado: admisible o sin culpa su causa

legendarios: conocidos, famosos

linchamiento: ejecución ilegal de alguien, normalmente por ahorcamiento y a manos de un grupo o una banda

magnates: personas con mucho poder y grandes riquezas

mala reputación: consideración desfavorable o negativa

mentor: persona que enseña y ayuda a otra que normalmente es más joven o menos experimentada, en concreto en lo relativo a una técnica o un oficio

pareja de hecho: mujer que se convierte en esposa al actuar como tal durante cierto tiempo, no mediante un contrato

pioneros: personas que exploran una zona y se asientan en ella por primera vez

política: ciencia o arte de gobernar

recompensa: dinero que se entrega como premio por capturar a un delincuente

revólver de seis cartuchos: revólver con un barrilete de seis cartuchos

tirador: persona experimentada en apuntar y disparar un arma de fuego

traje de montar: prenda de ropa para montar a caballo

tuberculosis: enfermedad infecciosa, sobre todo de los pulmones, que antes llamaban consunción

Índice

Bibliografía

King, David C. *Wild West Days: Discover the Past with Fun Projects, Games, Activities, and Recipes.* **John Wiley & Sons, 1998.**

Únete a tres niños en el territorio de Wyoming en el año 1878. Aprenderás cómo era realmente la vida diaria en el Lejano Oeste mediante juegos divertidos, creando tus propios juguetes y artesanías, y realizando los mismos trabajos diarios que los niños del pasado. Las actividades incluyen panqueques gruesos de masa fermentada, escribir el diario de un pionero y hacer un lazo.

Linz, Kathi. *Chickens May Not Cross the Road and Other Crazy (But True) Laws.* **Sandpiper, 2007.**

Descubre extrañas leyes que están, o alguna vez estuvieron, en los libros de leyes de los estados. Coloridas ilustraciones muestran, simplemente, cuán ridículas algunas de estas leyes realmente son.

Martin, Gayle. *Gunfight at the O.K. Corral: Luke and Jenny Visit Tombstone.* **Five Star Publications, 2009.**

Sigue la histórica aventura de Luke y Jenny en el O.K. Corral. Este dúo de hermano y hermana puede ser de ficción pero te harán conocer la gente y los acontecimientos reales del famoso tiroteo: ¡los hermanos Earp y Doc Holliday versus los Clanton y McLaury!

Murray, Stuart. *Wild West.* **DK Publishing, Incorporated, 2005.**

Viaja al oeste estadounidense y observa cómo los pioneros, los vaqueros y la caballería ganaron la frontera. Descubre cómo cribar oro y ve de paseo en el Pony Express. Te encontrarás con bandidos, oficiales de la ley y hasta vendedores de aceite de serpiente.

Sheinkin, Steve. *Which Way to the Wild West?* **Square Fish, 2010.**

Este libro te ofrece una historia del oeste estadounidense "con los buenos fragmentos puestos otra vez en su sitio". La redacción y las ilustraciones divertidas hacen que aprender sobre las aventuras, los descubrimientos, los actos deshonestos y las personas valientes del Lejano Oeste sea todo un placer.

Más para explorar

Buffalo Bill's Wild West Show
http://www.buffalobill.com/originalIndex.html

Aprende sobre el coronel William F. Cody y cómo comenzó con el Wild West Show de Buffalo Bill. Conoce a la familia Montana y a los actores que continuaron con la tradición del espectáculo. También puedes ver antiguos pósteres del espectáculo.

Butch Cassidy and the Sundance Kid Rob a Train, 1899
http://www.eyewitnesstohistory.com/cassidy.htm

Experimenta un robo de un tren perpetrado por Butch Cassidy y Sundance Kid a través de los ojos de un empleado de correo que trabaja en el ferrocarril Union Pacific. Mira fotos de los bandidos y del vagón que hicieron explotar.

Cowboys Quiz
http://quizzes-for-kids.com/history/cowboys-quiz

Prueba tu conocimiento sobre los famosos vaqueros del Lejano Oeste, desde Buffalo Bill y Jesse James hasta Doc Holliday y Billy the Kid. Luego, continúa con el desafío con otro cuestionario sobre vaqueros.

PBS Kids Go! WayBack Gold Rush
http://pbskids.org/wayback/goldrush

Viaja al pasado y únete a la Fiebre del oro de California. Contágiate la Fiebre por el Oro, viaja con los Forty-Niners, y conoce a un elenco de actores simplemente idénticos a la gente que vivió durante la Fiebre del oro. También puedes visitar Joke Space para leer o enviar tus propios chistes sobre la historia estadounidense.

The Wild West
http://www.thewildwest.org

Conoce a los bandidos, los oficiales de la ley y las mujeres del Lejano Oeste, y revive el excitante tiroteo en el O.K. Corral. Aprenderás sobre los indígenas americanos, como así también sobre los vaqueros de las películas, las canciones de vaqueros y sus recetas. También encontrarás juegos para dispararles en línea y podrás armar rompecabezas del Lejano Oeste.

Acerca de la autora

Dona Herweck Rice se crió en Anaheim, California. Tiene un título en Inglés de la Universidad del sur de California y se graduó en la Universidad de California, Berkeley con una credencial para la enseñanza. Ha sido maestra de preescolar a décimo grado, investigadora, bibliotecaria y directora de teatro. Ahora es editora, poetisa, escritora de material para maestros y escritora de libros para niños. Está casada, tiene dos hijos y vive en el sur de California, donde intenta ser "buena chica".